Alfabeto de Ausencias

Fernando Operé

Alfabeto de Ausencias

Nos y Otros Editores

Colección de Poesía

Diseño de interior y portada: Adrián Ruiz Arach

Copyright © 2002 Fernando Operé
Nos y Otros Editores, S. L.
Mesón de Paredes, 1 1º Izq.
28012 Madrid - España
e-mail: nosyotroseditores@yahoo.es
I.S.B.N.: 84-607-4893-6
Depósito Legal: M-27461-2002

A manera de prólogo

Escribir sobre la obra de un crítico dedicado a la docencia, que es a la vez poeta, constituye un desafío para quien acepta el reto dentro de la misma concomitancia de luz docente o luz creativa. Mas mi pluma no tiene interés en gastar tinta emulativa sino en vaciar el tintero para llenarlo de transparencias que permitan desvelar el perfil creador y el cuerpo textual de la obra en sus aspectos más sobresalientes: el de su trascendencia biográfica, su mundo poético y su doble cátedra de crítico y creador.

Con este nuevo poemario, *Alfabeto de ausencias*, Fernando Operé no hace sino agregar un peldaño más a su cumbre de escritor trascendido bajo nuevos destellos y bajo aquellos lampos poéticos de ayer que aún siguen alumbrando su obra. El aspecto positivo de estos alumbramientos es la constante lección de creatividad en función de un profundo rigor autocrítico. Libros espejos de su propia imagen biográfica y de su arte difusivo de reflejos creadores son, por ejemplo, *Acróbata de ternuras* (1994) y *Amor a los cuerpos* (1997). En ambos, Operé abre amplios horizontes de neocreatividad y los deja abiertos en este nuevo milenio como páginas de su vida, de su cosmovisión y de su cotidianidad. Poeta sin fronteras él mismo, en la edición de la antológica, *Poetas sin fronteras* (Verbum, Madrid, 2000), escribe: "La poesía continuará ejerciendo el mismo patronato que la convirtió en fuente y alimento de los otros géneros. El lirismo más preclaro convivirá al lado de la más íntima cotidianidad". No obstante, el intimismo de su lírica anterior, presagia, en esta nueva entrega, *Alfabeto de ausencias*, los cambios operados en el poeta, a merced de los avatares del tiempo.

> *Inauguro un siglo y me expongo*
> *al vendaval de emociones*
> *como un biólogo apasionado,*
> *un viajero perdido en la selva.*

En las florestas de Virginia, donde reside, cotidianidad y convivencia con las cosas y los seres que le rodean, parecen ser los signos distintivos de su poesía. En *Acróbata de ternuras* sus vivencias familiares le inspiran un cúmulo de invocaciones con el tema de la madre en la cocina, el hogar y sus estancias, invadiendo el tiempo con vibraciones y ritmos del corazón. Capaz de poetizar los lugares comunes con sencillos hallazgos poéticos, Operé transita por lugares rutinarios, entra hasta la cocina sin tiznarse las manos creadoras, para indagar entre harinas, recordar y sentir el humano fuego que calentó su atmósfera. Ya uno se le imagina husmeando los aceites, las legumbres y el fogón. Se detendrá observando al perro que hace su círculo para echarse, como para recordarle que la poesía también da vueltas en experiencias circulares aunque su misión sea la de romper el círculo para poder crear con más libertad y abrirse a otros espacios. "Soy duda y soy", también filosofa, habla con su propio yo desconocido y nos confiesa que así construye su "elusiva leyenda". Poeta y actor, Operé logra con su sencilla genialidad describir recintos hogareños olorosos de perfumes, escenificando memoriosamente sus acrobacias de ternura. Inclinado a indagar remembranzas, regresa a los sitios que ya ha recorrido, dándole otra vuelta a su imaginación y robándole los pasos al tiempo desde su "amanecer harinero" en que la voz se oye fragmentada:

> *He entrado, lento de pasos,*
> *por el pasillo luengo.*
> *En la añeja cocina me he parado...*
> *Busco,*
> *por harinas y sales, busco.*
> *Indago,*
> *entre legumbres sedientas, indago.*

Creatividad indagadora de cosas que se rozan con la piel del tiempo, alternan con sus acrobacias, no sólo de ternuras, sino de experimentación lírica y léxica para lograr, con el lenguaje más sencillo, familiar, que la atmósfera poética se mantenga y la creatividad no cese. Sus versos son desiguales por ser libres, y no riman sino con la vida, por eso mantienen comunicado líricamente al poeta con el lector dentro de una transparente fluidez romanceada.

En *Amor a los cuerpos*, el arte creativo del poeta toma otros visos de relieves corpóreos más sobresalientemente eróticos y reflexivos, sin caer en el arrebato sensual. Gasta mesura en los trazos descriptivos en torno a los atractivos exteriores y funcionales femeninos como foco estético constituido de variadas formas que retan al poeta a su poetización. *Amor a los cuerpos* es una obra triunfal por lo creadora. Logra en ella poetizar la más difícil configuración artística, la curvatura femenina más ostensible, o aquélla que discretamente se mira de soslayo. El tema del trasero que en el genial Quevedo raya en procacidad humorística, en Operé se enfoca también con cierto humor pero gana en donosura. Es espejo del mismo modelo, pero aún imitando Operé al maestro, consigue su propio sello de creatividad original por su desarrollo, descripción y estilo. De todas maneras, el autor de *Amor a los cuerpos* no es un artista barroco sino un poeta neo-romántico de refinada galanura. Neo-romántico he dicho con ánimo de interpretar su personalidad de juglar moderno, ideorrealista y sentidor. Neo-romántico de este siglo inaugurado en que la poesía conquista al galán y ambos conquistan el espacio en busca de horizontes infinitos, sobre todo, los de la libertad del mar espronciano, sin brújula. Neo-romántico de la libertad artística –ojalá acierte al afirmar también que es un neo-visionario del tiempo cíclico–, el que profetiza en sus pretéritos y los convierte en presente, desde un amanecer de sábanas hasta "las cinco en punto de la tarde", hora de poesía derramada en todos los relojes. El tiempo cíclico del poeta abarca el tiempo metafísico que intenta eternizar después de haberse afirmado en "un pacto de por vida con la muerte".

El tiempo humano, humanizante y humanístico, ha sido el brazo más abarcador de este neo-madrileño, Fernando Operé. Neo-madrileño de la Nueva Castilla capitalina cuya galanura y señorío se proyectan en su obra de gran castellanía. Neo-madrileño por su cosmopolitismo dotado de esa amplitud mental que lo ha inducido a pasearse por las avenidas del mundo como lo hiciera en sus años mozos por la Gran Vía madrileña o las Ramblas de Barcelona. Siguiendo sus rumbos geográficos, si en aquella época le crecieron barbas de juglar y alas de astronauta, más tarde voló a la América de Whitman donde ha impartido clases como profesor de letras.

En la América rubia se matrimonió con la poesía como lo hiciera antes Juan Ramón Jiménez, autor de *Un poeta recién casado*, de luna de miel con su nueva poesía. Operé se refleja en el maestro de la poesía pura en cuanto opta por un vocabulario más transparente, divorciado de la musicalidad métrica. La diferencia es que, éste no procrea la poesía pura ni la imita, sino hace una poesía de la difícil elementalidad de las cosas con un lenguaje parco de cosmética a no ser la que adorna a la mujer. Lenguaje, de todas maneras, transparente como el de la poesía juanramoniana, lenguaje pensado y discursivo, a veces, como el remanso de "La oración de la tarde", donde las flores del olvido le sirven de entrada violácea a su poema. Cito dos estrofas de "La oración de la tarde" para resaltar el lenguaje transparente del poeta, la serenidad de su contemplación ante el paisaje natural que le arroba el alma, y la armonía de sus tranquilos pálpitos, como ritmos de vida.

> *Si es tiempo de pensar,*
> *de acumular las flores*
> *del olvido, la turbia pupila*
> *del tiempo transcurrido, el agua*
> *abandonada en su remanso...*

> *Me apostaré en el pagano altar*
> *de la naturaleza a practicar*
> *mis más altas devociones:*
> *Sentir la vida latiendo*
> *en la exquisita armonía del paisaje.*

El arte creativo de Operé se ejemplariza en un proceso pensador y observador que convierte su mirada o su ensimismamiento conmovido en floraciones de sentimientos y pensamientos, en ritmos del corazón, en hallazgos de nueva luz conque alumbra su escritura. Es como coger un papel blanco y matizarlo de variedades cromáticas, de signos o grafías donde se refleje su mundo psicológico personal o el de las estrellas y sus sombras. Parangón de espejo es *Alfabeto de ausencias*, diccionario de nombres olvidados que, con su creatividad emotiva, se convierten en alfabeto de presencias recordadas. Su obra es escenario de evocaciones del lejano ayer humano, al cual se agregan otros nombres de cotidianidad convivida al ritmo de su inquietud de poeta. Arte de su palabra creadora es haber convertido el alfabeto lingüístico de su lenguaje coloquial en un difícil golpe de expresividad poética con sus paronomasias, sus matices, sus sinonimias, sus significantes y silencios sonoros. Sus palabras coinciden con las polivalencias del lenguaje común y poético: palabras vegetales como troncos de raíces profundas, palabras minerales como piedras de fuegos escondidos, palabras como huellas camineras, palabras como mármoles de cantera ancestral. La palabra de Fernando Operé es una piedra poligráfica que piensa, siente, vibra y se deja indagar en sus matices mientras el poeta construye su poema.

Descubro en *Alfabeto de ausencias* un poema que proyecta la personalidad académica del autor paralela a su actividad creadora. En él se autorretrata aludiendo a las múltiples ocupaciones de un profesor que, reaccionando contra la rutina del alfabeto gramatical, se pregunta, "¿Y el mar?". Con ese símbolo, espejo ondulado del cielo que retrata un firmamento poblado de estrellas que le guiñan afectos o desaparecen dejándolo con el papel en blanco, el poeta rescata sus borrosas remembranzas. El tema del mar, tan socorrido –mar de lágrimas, mar de penas, mar de angustias–, reaparece en su poema, "Mi mesa pradera", y es entonces el mar de sus olvidos, de sus ausencias, donde el poeta quiere hacerse presente para enriquecer temáticamente su alfabeto lírico que inició desde su mesa de trabajo, "al fragor de las letras" del amanecer. Resulta interesante que un poeta de buena madera, como se dice proverbialmente, se afirme en los estribos en su caballo-silla y su "paciencia maderera" para, con esos instrumentos, acometer la obra y testimoniar la dificultad del proceso poético, en que la voluntad de arte, opuesta al facilismo, se desenvuelve. Tener madera de creador y apoyarse en la dura madera del trabajo para robustecer la voluntad de crear el deseado poema.

Recorro la mesa enamorado,
evito precipicios y secos tinteros.
Escribo lo que ni yo podría imaginar,
alfabeto de ausencias, urgencias del fuego.

Y lo que escribe lo hace a través de ese mar de poesía, el de las ausencias recordadas, evocadas y convividas. Y son tan intensas y múltiples las motivaciones de ese mar temático que su poema global se hace imposible cuando hay urgencias de fuego humano, pasional o incidental, que lo enardecen bajo el relámpago de la vida personal o asociada sentimentalmente al entorno. Ha de entenderse que estas urgencias circunstanciales son parte de los frecuentes fogueos a que se expone el poeta dentro de sus incidencias y trascendencias de emotividad cíclica. Son, en definitiva, urgencias creadoras de energía lírica frente a las fogatas del corazón o ante la explosión de los silencios cargados de emotividad. Cuando el silencio explota, el poeta, actualizándose al sentirse elegido por el tiempo aciago de este siglo, parece interesarse por su fogoso impulso, diciendo, "Recibo no sé qué antorcha que me abrasa las manos". Y así, lo mismo que levanta una guadaña metafísica para entonar una elegía a los eternos mármoles, o al 11 de septiembre, levanta patética su voz para testimoniar el holocausto de las torres.

Fue una explosión inesperada,
traicionera, un derrumbarse
de alas y de huesos, un caerse
hacia el alma, apocalíptica nube,
diluvio de estrellas negras.

Como la poesía se inspira no sólo en circunstancias espectaculares, sino también en las circunstancias del yo, del nosotros, y de los dos tomando una cálida copa de luna, corresponde al poeta elegir entre ser un cantor de nocturnidades bohemias, de sedosos ensueños, de "acrobáticas ternuras", o ser más sensible, deteniéndose patético ante el espejo roto de la miseria humana, ante la inmisericordia de los poetas solemnemente insensibles. El poeta, si lo es, tiene que revelar su sensibilidad y rebelarse frente a lo insensible. Fernando Operé lo hace de las dos maneras. En esta última entrega, dando un paso hacia la poesía testimonial, se afirma en su revelación concientizada:

Elegir es afirmar,
escribir con el dedo en lo alto,
predicar con los zapatos puestos,
tomar partido, tatuarse
el pecho hasta la sangre...

Este viraje del poeta hacia la poesía testimonial forma parte de su *Alfabeto de ausencias*, tan intimista, tan emotivo por otra parte, tan revivido de recuerdos que intentan alargarse como antorcha que alumbra su "sagrada vocación de sentirse humano". Bajo la luz de esa antorcha sorprenden sus romanceados versos inspirados en la América negra.

Te he visto en el sur
plantación de esclavos muertos,
recogiendo basura,
amasando tiempo,
hurgando en el mundo blanco
tu secular desprecio.

A semejanza de Rubén Darío, quien al pasar por Nueva York hizo un alto en su poesía preciosista, sensorial e intimista, para testimoniar desorbitado el cuadro miserable de la negritud humana, Fernando Operé, después de sus previas andanzas, nos sorprende con un viraje poético de miradas sensibles y escrutadoras hacia el mapa humano y social de las Américas. Es así como desde el cono sur, su testimonialismo poético deja una piedra sangrante en el camino crucial de los de abajo:

Bloquearon el puente
que cruza el Paraná.
Son piqueteros, desempleados,
arruinados del tálamo,
huérfanos del pan.

Los veo hincarte el azadón,
limpiar cloacas, besarle
en la mejilla a la niña
que ahueca la barriga
y pare nada, serrín,
arena agonizante...

Han abierto el puente
tras la sangre. Los desocupados
se llevan los féretros.

Van atravesando el último arco
sobre el río que, a jirones
de impotencia, arrastra
la rabia enredada en los dientes.

Fernando Operé, como poeta de hoy, sabe que la poesía de ahora es ampliamente espaciosa, multifacética y circunstancial. No procede del círculo dogmático que alaba lo eterno metafísico o lo eterno romántico, sino, al contrario, lo que implica duda y ruptura de todo círculo. Como poeta sin fronteras se abre a la posibilidad de escribir sobre todo lo que siente, indaga, y le impacta, como la división que separa el pie con bota del pie de barro. "La frontera", título de uno de sus poemas, está simbolizada muy bien en este verso de afortunado impacto: "Es una extensa herida de machete en la sedienta y soñada América". En su poema "Golfo de México", va más allá y poetiza no ya el mar de las angustias sociales, sino el mar de otros olvidos que extrae de la historia para rescatar sus recuerdos naufragados y a la vez, profetizar lo que pueden enseñarnos los pretéritos desde las huellas del mar.

Aquí el mar tiene hambre
y se tragó los tesoros
que rapiñaban a América...

Enfrente de este mar, confundido,
en este golfo cálido de México,
–el mar de los cronistas
y los eternos olvidos– he venido
siguiendo la huella de antiguos pies
y sus fracasos.

16

La variedad temática de *Alfabeto de ausencias* abre su cometido, por tanto, en tres direcciones: la de los recuerdos, la de las vivencias y testimonios, y la de la creación de impactos a través del lenguaje. Lo más difícil es que el lector comprenda de inmediato la estética del coloquialismo con expresiones como ésta: "Perdonen mi falta de modestia", "si elegir consistiera", "si elegir bastara", "Al que me ama guardo fidelidad perruna", "haciendo cuentas de la vida llego a clase.". Pero semejantes expresiones contribuyen a atraer al lector más familiarmente al tema, para que dentro de su claro desarrollo lírico, pueda recoger el mensaje del poeta, impactándose de sus ritmos vitales. Estos impactos, que no están ausentes en el alfabeto lírico de Fernando Operé, se matizan con los de sus destellantes emotividades verbales. Y esa matización se puede apreciar cuando dice, al iniciar su poema, "Perdonen mi falta de modestia", "No sé por qué, de pronto hoy, siento un nuevo florecer de mi esqueleto". Lo difícil es que haya podido combinar sencillamente el lenguaje coloquial ecografiado con su lenguaje líricamente metafórico. Ha de observarse que este lenguaje se enaltece creativamente con expresiones de acertado creacionismo, como estos versos elegidos al azar: "la vida es un pacto de enredados nudos", "Escribo un poema imposible desde mi mesa pradera", "contemplo su belleza ondulante", "estos días apretados de musgos", "de luto, las letras estremecidas, se acurrucan en el regazo del poema", "Allí están los recuerdos o entre las arrugas de la colcha en su amoroso desorden", "cocinera de lunas y ternezas, pulpa de héroe", "Dos nupciales sábanas domingueando, como si nada", "Besos de jazmín quinceañero", "Noche que se acurruca en la alfombra como una gata blanda", "Les cuento lo de las guerras púnicas, impúdicas como todas las guerras",

"La luna bisturí rasga un poema en la lenta joroba de la noche", "Escribo y me arremango hasta las ingles, hasta el codo colérico del hombre".

Hay ciertos versos en *Alfabeto de ausencias* que me llenan los ojos de atractivas presencias evocadoras, que me llevan a sus pálpitos insinuados, a sus extendidos brazos, al perfil de los recuerdos. Frases de un gran poeta que me atraen y me llevan a su lenguaje destellante y, al tiempo, coloquial. Frases que me coquetean, que me quieren imanar, que quieren hacerse mías en trance de seducirme. Y me dejo seducir con lujo al lado del poeta. "Perdonen mi falta de modestia", pero quiero compartirlas con su primavera.

Ramiro Lagos,
al comenzar la primavera del 2002

Confesión

Ahora puedo decirlo con terca convicción,
ahora, que he emulado sin éxito a los ángeles,
leído a Jung y meditado en los Andes;
escuchado largas lamentaciones
y consejos de torpes profetas;
ahora que he hecho el amor
con secretas vírgenes y viudas sin secretos;
ahora que mi rostro tiene textura de cara;
ahora puedo decirlo, con la tristeza del sol
que se retira, la fe de Cristo
y la suavidad de Buda, que la vida
es un pacto de enredados nudos,
un kipu sin claras referencias,
un mar expuesto a sedientas mareas;
que soy carne, sangre, caligrafía llameante,
un corazón abatido en el gran harem de
Mahoma.

Luto en navidad tras una muerte querida

Hoy vestiríame de luto,
qué apropiado momento.
Me arrodillaría con devoción
y evocaría a María, la Magdalena,
a la Santa Teresita,
o a las otras, que perdieron
sus hijos en sombrías guerras
o alcohólicas carreteras.

Vestiríame de lamento,
bien triste y enlutado,
mas ¿para qué?
¿quién echa muertos al muerto?
¿quién cuenta las bajas
y escribe esquelas
al aumento mundial de población?
¿quién paga las cuentas
y endulza las heridas?

Escribo en navidad,
mientras los niños
visitan belenes
engalanados para el nacimiento,
la fiesta de la luz
y el renovado día.

Han pasado muchas muertes.

Hoy podría encogerme
en este frío interno
y visitar el párpado
con sal de duelo,
mas ¿para qué?

Hoy, día de nacimientos,
otra mujer joven
se desnuda. Alguien allí
la toma en la cintura.
La noche es de besos
y de tactos. Sola
se queda en sus semillas.

Suceden otras madres.
Comienza un ciclo nuevo.

Mi mesa pradera

En esta silla galopo en madrugada,
al fragor de las letras
y el clamor del alba.
Es un caballo constante
mi silla de cuatro patas
con huesos de pino
y alma de paciencia maderera.

Apoyo las manos sobre la mesa
y en la llanura una carta
atestigua la robustez de mi deseo.

Recorro la mesa enamorado,
evito precipicios y secos tinteros.
Escribo lo que ni yo podría imaginar,
alfabetos de ausencia, urgencias del fuego.

Transito este mapa de montañas,
inextricable laberinto de libros.
Con la lanza marco en un papel
su nombre. ¿Estaba en el mar, junto
al mar, escuchando el cantar
de las sirenas? ¿Observando quizás
la noche larga de las ballenas
y el jardín florido de corales?

Escribo un poema imposible
desde mi mesa pradera.
A la deriva va,
sin brújula ni astrolabio,
a través de este mar
de mis ausencias.

Yo que fui caminante
de áridos valles y senderos rocosos,
ahora, en este amor tardío,
galopo hacia otro mar
sobre mi fiel pradera.

Recetario

A David T. Gies

Feliz de ti, digo al que me saluda
y al que sonríe en una plaza abierta.
Al que odia me pregunto,
¿dónde está su veneno?
¿qué jugo extrae de su ponzoña?,
y compadezco su soledad acumulada.
Al que enseña en paciencia
lo venero y le pido comprensión
con la astilla ajena.

A ella la requiero
sin levantar un dedo, sin expresar
ferviente mis codicias,
sin mostrar mi emoción
cuando contemplo su belleza ondulante
en las caderas.

Al que me ama guardo fidelidad perruna
y le ofrezco en plato redondo mi amistad.
Anoto 'hermano' en el cuaderno cardíaco
y me alegro de sentirme amarrado
a su secreto calendario.

Al que vive en paz lo respeto alto.
Qué sagrada vocación sentirse humano.

El escriba

Si mis abuelos supieran,
regresados de sus mármoles,
si tan sólo adivinaran
esta congoja acuñada
con corona universal,
¿se rasgarían las vestiduras?

Sé que no hablan de mí,
aunque lo hicieron
antes de mi día.

Si mi padre pudiera,
o quisiera tal vez,
—su nieve coronada—
regresar de tanta edad
y poner puntos a las íes,
gramático olvido.

Si pudiera retornarle
de su larga obscuridad
uno de estos días
apretados de musgos,
de estos cielos
que revientan de incordura,
mar y abrasante arena.

¿Soy quizás el elegido?
¿el que algún día soñaron?
¿aquél por el que
quemaron las últimas naves?
¿el que carga a las espaldas
la misión del escriba?

Pero he de sentarme
en la misma mesa,
atrapar el papel
sin que se rasgue,
vaticinar el pasado
y escribir con letra gótica
"soy el más vulgar de los pecadores
pero me ha tocado escribir
la incromprensible crónica del terror,
y la belleza indómita.
Acepto a regañadientes
la misión imposible,
dónde, no sé, cómo y cuándo".

Soy uno de los elegidos
de este siglo aciago. Recibo
no sé qué antorcha
que me abrasa las manos.
Debo escribir la crónica.
Seré el uno, el mil,
el amanuense derrotado,
el cronista terco.

Septiembre 11

La marea se ha estremecido
y se retira dispersa.
El 'sálvese quién pueda'
de las gaviotas, aterra.

También se ha estremecido
mi cocina harinera.
Las cucharas andaban en sordina
vaciando santuarios
y reventando ollas.

Se ha estremecido la luz mañanera,
mi fatigado sillón, la chimenea.
El hueco del zapato, órfano
del pie, se lamenta.

Ha sido a poco de concluir las fiestas
e inaugurar el nuevo siglo
que auguraba pan con burbujas
y dulzuras prietas.

Fue una explosión inesperada,
traicionera, un derrumbarse
de alas y de huesos, un caerse
hacia el alma, apocalíptica nube,
diluvio de estrellas negras...

Y se han estremecido
hasta las reliquias
de olvidadas guerras.

Adiós, derramada armonía,
paz probeta. De luto,
las letras estremecidas, se acurrucan
en el regazo del poema.

La oración de la tarde

Si es tiempo de pensar,
de acumular las flores
del olvido, la turbia pupila
del tiempo transcurrido, el agua
abandonada en su remanso...

Si es hora de secretos,
habré de indagar
entre las cenizas del pasado
—coágulo de carbón moreno—,
también allí están los recuerdos,
o entre las arrugas de la colcha
en su amoroso desorden.

Si es hora de rezar,
empezaré con los salmos
angélicos del otoño, la dulzura
sabatina de la brisa, el ritual
incansable de las hojas
bajo la celeste cúpula.

Me apostaré en el pagano altar
de la naturaleza a practicar
mis más altas devociones:
Sentir la vida latiendo
en la exquisita armonía del paisaje.

Después de la batalla

¿Qué decirle a ella mientras llora?
¿Qué frase repetir? ¿Qué promesa inventar?
¿Qué dios o cruel augurio asesinó la dicha?
¿Quién vendará la herida y medirá
la extensión de la sangre? ¿Quién
amamantará los hijos que no tuvo?
¿Qué voz, pie, cartero, rayo de luz
llevará la noticia? ¿Qué remedio
de alcohol, blanco olvido,
irremisible medicina?

Y si escribimos amor con letras brillantes
y adhesivas, ¿aliviará la pena?
Y si enterramos los muertos y limpiamos
la casa con lejía ¿surgirá la inocencia?

Ella, que llora el hueco de su infortunio.
El que no la olvida.
Ella que ofreció su juventud
y cuerpo en llamas.
El que prometió eucaliptos y altas cimas.

Elegía

A Rosario Santillana

Día invernal de otoño,
   de los cuchillos.
El frío azuza las palomas
   en el cielo amargo,

y se levantan en gris metal,
   en alta muerte,
con un clavel de adiós
   sobre los picos.

El silencio ha vuelto otra vez
   a darte la memoria,
los días que viviste
   y no grabaste.

Ha vuelto a darte paz,
   la vida no perdona,
que dormir en eterno
   es recuerdo infinito.

Es hora de partir,
   tú ya te fuiste,
siguiendo aquella voz vital
   de esposo herido.

Una grandeza plácida
  retoña de tu cuerpo
que nos ciñe del talle
  camino de la sierra.

Arrojo sobre tu tumba
  puñados de mis versos,
mientras mis pies se hunden
  en huérfanos zapatos.

Poesía de pómulos morados,
  elegía ingrata,
que de tanto repetir
  se enluta de cuaresma.

Adiós madre querida,
  canción de nanas.
Cocinera de lunas y ternezas,
  pulpa de héroe.

Adiós blusa amarilla,
  falda planchada.
Ya rezaste a tu dios
  y el tiempo apremia.

Paisaje con casas y poeta

Puedo ver los ojos
de los que no me miran,
sentir sus lágrimas
y el dolor escarbando.

Puedo sentir el miedo
de los vacíos corredores,
y el furor del odio
arrasando los panes.

Puedo medir la angustia
de los que envidian bajo,
y sus vientres flacos,
y su angosta espuma.

Qué sequedad, qué frío
del que cuenta despierto
el caudal de la ruina
y el temblor del yeso.

Puedo sentir la paz
del que espera desnudo
entre las madreselvas
y aromas de cocina,

de la mesa garbosa
y la casa hospitable,
que el paisaje recorta
sobre las nubes grises.

Es blanca, dadivosa,
palpitante estructura,
de alegres azulejos
y faldas con volantes.

Es lírica, riente,
arcángel en el frío,
con alas de laureles
y estandartes bordados.

Puedo sentir su lenta
armoniosa llamada,
y el muro que ampara
contra los malos cielos.

El siglo de la mujer

Tú, mi perla, mi dolor,
mis dos bienes en uno,
mi cuchara de palo, mi aventura.

Tú, mi amor turbio de manzana,
mi harinoso despertar,
mi silencio de almendra.

Te observo en este siglo
de ciencia opaca, con esperanza
púdica y anhelo de hembra.

Fiel te prometo en tus maduros
naranjos, en la flecha
incendiaria conque agitas el siglo,
¿el más justo? ¿el más cabal?
¿el más misterio de perla?
El siglo que dicen de la mujer
con minifalda y pantalón, con pulso
de maza y desnudez serena.

El siglo donde te encontré
visitando el Taj Mahal,
la muralla de China, los altos
arrecifes de Macchu Picchu,
la cintura de cieno de la selva.

Estabas en las cumbres
objeto de la tierra,
con guirnaldas de espuma
y arrogancia de atleta.

Tú, mi fuego, mi adoración,
mi porfía. Mi agua elocuente,
mi inalcanzable entelequia.

Perdonen mi falta de modestia

No sé por qué, de pronto hoy,
siento un nuevo florecer
en mi esqueleto,
una paz de retama
que alegra la gravidez
del horizonte.
¿Serán las líneas de siempre
que me hacen señales equívocas
desde la mentira del espejo?

Perdonen, no les dije mi edad,
pero me gusta sentir la primavera
en la aventura diaria de la sangre,
sin preguntarme si soy feliz,
–la muerte silbando–,
sintiendo a dos carrillos,
a dos pechos erguidos,
a dos nupciales sábanas,
domingueando, como si nada.

Perdonen, otra vez,
mi falta de modestia,
pero llevo años aguardando
para decirlo con la boca llena,
amo esta vida
aunque con maña me confunda.

Si elegir consistiera

Si elegir consistiera
en guardar silencio,
pasar en delgada sombra
por los momentos
eludiendo la luz, las trompetas,
el poder de los dientes,
la redondez perfecta del cero
y su suicida izquierda.

Si elegir fuera
regresar al origen incierto,
enterrar las hoces,
los puños, los pañuelos,
enmudecer, abandonar los lapiceros
y emular sepulcros.

Pero no es eso.
Elegir es afirmar,
escribir con el dedo en lo alto,
predicar con los zapatos puestos,
tomar partido, tatuarse
el pecho hasta la sangre,
comprometer la risa
y hacer un pacto, de por vida,
con la muerte.

Que la historia de la infamia universal
nos involucra a todos.

Alfabeto de ausencias

¿Cómo revivir las cosas
en el mar del olvido?

Busco en mi carta marina
y no encuentro sus ojos negros,
extrañados veleros hundidos
por el inmenso cielo oscuro.

Hay un furgón con muebles
en el jardín ciego, un colegio,
un convento vacío.

La tarde marca mi obsesión
huérfana. Lluvia de mercurio.
Barcos sin puerto,
alba sin contorno.

Sucumbe la memoria
a un forajido abandono.
Su vientre es un pozo vacío
entre el amor y el toro.

A penas recuerdo
la chata fracción de la infancia,
un redondo sol de sebo,
el resplandor de la osa mayor
en las noches lácteas,
sus besos de jazmín quinceañero.

Tumor benigno en la memoria,
complicidad de nada,
alfabeto de ausencias.

Sueño eterno e insomnio

La luz sobre la mesa
entretiene mi insomnio.
Dice que sí al libro, niega
la oscuridad redonda de la noche
que se acurruca en la alfombra
como una gata blanda.

El tiempo pasa en rimas lentas.
No mancha, no huele,
se arrastra en su perfecto círculo,
bosteza y se extiende en misterio.

La memoria pide más,
barro húmedo, lentos crecimientos
de imágenes queridas.
Mi cuerpo, una columna frágil,
demanda oxígeno materno,
sal de su piel, y ahora,
entereza para seguir
con el ritmo cotidiano,
para superar la dura dureza.
Siempre se pierde una batalla,
un ojo en la refriega,
un pájaro en el parque.

Yo dejaba que el tiempo sucediera.
No me tocaban las horas. Establecía
relaciones, mientras mi frente
navegaba ahíta sobre olas cóncavas.
Persistía en mi locura juvenil.
Ella bordaba.

Reclamo ahora un gramo
de su amor sin parapetos.

La madre muerta en lluvias,
su piel de tul
en un frío firmamento.
La cocinera de simples gestas
duerme un sueño eterno.
Yo, impenetrable, siento
la impotencia del solo.

¿Y el mar?

Ocupado como estoy
en libros y recetas
me he olvidado del mar.
El olvido no duele,
sabe bien el tiempo
anestesiar recuerdos.

Haciendo cuentas de la vida,
llego a clase. Les recuerdo
mi oficio de maestro. Les cuento
lo de las guerras púnicas,
impúdicas, como todas las guerras.
Me vuelvo a mis trajines
con la monotonía de un actor
en función sempiterna.

¿Y el mar?
Ocupado como estoy
en manuscritos y crespones viejos,
sólo de vez en cuando
me avengo al mar.
Aquí no pretendo
encontrar pliegos, folios eruditos,
o una audiencia de cangrejos.

Aquí todo es mar,
orfandad universal, página en blanco
sin memoria ni tinteros.

Alzheimer

Mi madre ya se fue,
desmemoriada.
Padecía de amor,
se fue en la brecha.
Alta la frente, el corazón erguido,
caminando sonámbula
en una calle sin fechas.

La bestia era el terrible
mal mordiente
que borra los perfiles
y devora rostros.

Amaba, bien lo sé,
a un dios que no enjugó su pena
y en nada le sirvió,
a un marido de piedra.
Amaba quizás también
aquel rincón de ropa limpia
y el olor a parque
de las tardes madrileñas.

Amaba lo que, en algún lado,
sin saber por qué, calladamente.
Era esa sensación vacía

sin marcos ni recetas,
emoción del amor
que engendra sin clamar
y siempre espera.

Porque ella amó,
se empeñó en amar
por afirmar quien era,
con el disfraz de madre,
a salvo de himnos y reyertas.

Amó sin hacer ruido
ni hacer carrera, en pie,
tras los visillos,
con modestia de monja,
a hombres asexuados
y a una virgen morena.

Amó sin cuestionarse,
sin sábados ni fechas,
en los confusos cuadritos
de su elusivo calendario.

Poema nocturno

Nocturno resplandor,
fuente de alivio.

Caprichosa emoción
que celebra la noche
en un poema,
mancha o borda
un libro de notas,
busca jadeante,
descubre apenas
el tono de la voz
–instante seductor–
tal vez del alma.

Dice rito, espejismo,
se curva, se revuelve,
proclama victoria
sobre la servidumbre del silencio.

¡Qué bella imprudencia!
¡Qué hermoso artilugio!

Poema que escribe
y siente.
Poema inevitable,
–guarismos rojos–,
con chapa de milagro
y sabor de agua marina.

Aún sorprendida
en el dolor sin nombre,
la pluma bisturí
rasga un poema
en la lenta joroba de la noche.

El recuerdo

El recuerdo es una esponja,
mancha porosa,
elusivo mar de reflejos.

Si lo atornillo,
muestra su ilusión borrosa
sobre la frágil espiral
de la naciente ola.

Se enciende, insinúa
una tarde en el parque,
los tantálicos silencios
del domingo, su boca
de labios audaces.

Negamos el olvido
con arrogancia racional
y, más tarde, derrotados,
volvemos al instinto: la suave
sabiduría de la piel,
el hambre como atávico
instrumento, canción de cuna
repetida, eterna.

Vivimos anestesiados
de un sentimiento antiguo
y, con terror, miramos hacia atrás,
sin entender el alfabeto.

Designios de la muerte

A Lori J. Hopkins

No dijo nada.
Engalanado de padre, el miedo
en su cámara de espejos
y el ánima sitiada,
no dijo nada.

Cuando las golondrinas
se apiñaban en el cielo, una tarde
cantora de amapolas y vino,
se fue, con su gran pan al hombro,
hacia una muerte injusta.

Padre pan, grandeza cotidiana,
conclusión de la espiga,
¿en dónde tu regreso?

Quise decirle adiós –se fue en un soplo–,
llenar la habitación de abrazos tiernos.
Volver a oir su voz y la espaciosa risa.
Sentir su sombra vigilante y el rumor
pensativo de los zapatos en la noche.

Se fue y nadie comprendió
los designios obscuros de la muerte.

¿Grandeza de la sombra?
¿Caricias del recuerdo?
¿Es hora, padre, de emular tu acento?
¿Vendrás con tu retrato
y tu fe de eucalipto?
¿Sabré cortar el pan como tú hacías?

Piqueteros del Paraná

A *Mempo Giardinelli* y *Natalia Porta,*
en el Chaco argentino

Tierra pareces triste
y el río tan sólo
enjuaga las limosnas.

Bloquearon el puente
que cruza el Paraná.
Son piqueteros, desempleados,
arruinados del tálamo,
huérfanos del pan.

Los veo hincarte el azadón,
limpiar cloacas, besarle
en la mejilla a la niña
que ahueca la barriga
y pare nada, serrín,
arena agonizante.

Alguien dice basta
sin que amaine el empeorar.
Alguien vuelve sobre las afrentas,
procesión común, sobre
este pasto despeinado y turbio.

Es la hora de hacer,
avanzar, gritan otros.
Es el año del sombrero
y adelante. Es afilar.
Es quién sabe qué salvaje
intemperie y cuántos unos.

Han abierto el puente
tras la sangre. Los desocupados
se llevan los féretros.
Van atravesando el último arco
sobre el río que, a jirones
de impotencia, arrastra
la rabia enredada en los dientes.

La frontera

Si fuera sólo tinta,
mancha extendida,
metal o magma
de un lápiz volcano...

Si sólo fuera acuarela la cicatriz
que divide los lados asimétricos
del Río Grande,
tinta de un decreto
que puso a unos
en botas de ante, y a otros,
en sus pies de barro.

Si fuera sólo una grieta en el asfalto,
un charco en el desierto,
un tatuaje en el lomo, o un decreto.

Pero es algo más.
Es un líquido denso,
llaga abierta que reescribe
la historia sin volver la cabeza.
Es un bisturí que abre
la geografía del desierto
y la envuelve en espinas.
Es una extensa herida de machete
en la sedienta y soñada América.

La caza

Ciervo alado, huele el miedo
entre la grama expectante.
Mueve sus orejas de magnolia
a un lado del bosque y el silencio.
Siente que sí. Siente y salta
sobre la hojarasca húmeda
con pasión y liviandad de atleta.

Un ruido de pólvora extendida sacude
el otoño. Hay ramas y escopetas
camufladas en la húmeda espesura.

Ciervo de ojos negros, abiertos
por el miedo, por la repentina
danza de los cuervos.
Salta que sí. Huye que no.
Se detiene ante el clamor de la muerte
que fragmenta el silencio de la mañana fría.

Golpe atroz que el viento empuja.
Es la sangre roja, la sangre tibia
sobre la herida abierta.
Sangre que sí. Vida que no.

La boca descansa sobre la efímera
dulzura de la hierba
y clama aire, sin respiración ya,
y dice vida, otra vez, sin esperanza.
Dolor animal que la pasión no entiende.

Golfo de México

Estando allí surtos, nos tomó una tormenta
muy grande, porque nos detuvimos seis días
sin que osásemos salir a la mar
Alvar Núñez Cabeza de Vaca

Es éste otro mar
más cálido y sediento.
Los caimanes otean
con sus ojos de mármol,
indiferentes al tiempo, y lloran
junto a las calenturas del cieno.

He venido a este mar
con pasión de astronauta.
Mienten mis ojos viajeros
apoyados en el resplandor
de la bahía. Me acosan
nostalgias de agua marina,
memorias de aquel otro Mediterráneo
ahogándose en azules.

Aquí el horizonte está sediento
y el calor lo perpetúa.

Aquí el mar tiene hambre
y se tragó los tesoros
que rapiñaban a América.
Vengóse sin medida
y dio acuática sepultura
a sus hijos más recios.
¿Quién contara entre ellos?

Enfrente de este mar, confundido,
en este golfo cálido de México,
—el mar de los cronistas
y los eternos olvidos— he venido
siguiendo la huella de antiguos pies
y sus fracasos.

Negro del sur

Y son bocas de hambre,
y son ojos de fuego.
La noche los confunde,
y duermen en sus propios cementerios.

Negro del sur, silencio negro,
si nostalgias tocas
lo haces con estruendo,
con tambores y saxos
y el corazón prieto.

Cuando miras abajo
reclamas cielo
y arriba va tu alma
con brillo de lucero.

Y son dientes de alarde
y labios en vuelo,
esperanza en el músculo
para eludir el miedo.

Te he visto en el sur
plantación de esclavos muertos,
recogiendo basuras,
amasando tiempo,
hurgando en el mundo blanco
tu secular desprecio.

Mundo blanco de blancos,
caserón pequeño,
donde la luna ennegrece
el algodón de los huesos.

Y son cuerpos cansados
de salvar el pellejo,
negro de historia negra
remendada en decretos.

Aeropuerto de Washington

Extraño planeta y extraño
aeropuerto de Washington.

Llueve. Una nube planea.
El sol oculto se afana
por dibujar una acuarela:
paisaje de cemento.

Se ven gentes presurosas
en su silencio ordenado.
No se hablan. Se escurren
en una embriaguez de pasos.
Van a destinos numéricos.
Vuelan sentados.

Un aeroplano asciende,
arrogante abejorro,
en un cielo sorprendido.
otro, callado, como un barco
sin velas, aguanta el aguacero.

El tiempo también vuela
y los aviones gruñendo
siguen su locura acrobática.
Emulan un sueño antiguo.
¡Si volar pudiéramos!
¡Si dos alas al costado!
minusválida pasión
de nuestros torpes brazos.

Pero aquí todo es distinto,
alado sinsabor de féretro.
Extraño planeta y extraño
aeropuerto de Washington.

¿Qué tenía tu cuerpo?

¿Qué tenía tu cuerpo,
blanco como el insomnio,
tus piernas abiertas
como una plaza al mediodía,
tu reposante regazo
de alcalina tibieza?

¿Qué tenían tus pechos,
montón de trigo
que mis manos deshacían?

¿Qué tu cuerpo de niña/mujer,
tu edad profana,
tu cintura de limo?

¿Qué tenía tu abrazo,
frío como una aurora,
largo como la noche?

¿Qué tenía tu amor
que me hizo resistir
la tentación de amar?

Soy duda y soy

Soy duda y soy.
Construyo mi elusiva leyenda
atendiendo al instinto,
el más desconocido de los deseos,
el que me despierta en la noche prieta
sacudido por la sabiduría
de la sangre.

Soy el mal que no entiendo,
el bien que me sostiene.

Soy mi gran desconocido,
mi sabor amargo,
mi dulce sentir desde las ingles.

Me apoyo en tu distancia
porque eres lo que no alcanzo,
fósforo en la oscuridad, dulce raso.

Soy el parpadeo,
el fugaz instante,
la risa de un loco,
el testigo ausente.

Soy, también, el que escribe,
y esta certidumbre me redime.

Si esperar bastara

Si esperar bastara
entre los juncos de ese río que fluye
y a veces se remansa...

Si tan sólo consistiera
en aguardar, acurrucado
frente al fogón del crepúsculo,
con la manta del tiempo
a la espalda...

Pero no es la vida la que pasa.
Ella está impasible,
indiferente, tumbada
como una gata dormida
tras la tapia.

El que nada en el río
y enciende una llama.
El que abre una puerta
y sorprende a la muerte
con guadaña,
somos nosotros.

Así que, sin espera,
salgo a la puerta

y me pongo a dialogar
con los que pasan, les pregunto
por los misterios de la sed,
por ahí se empieza.
Inauguro un siglo y me expongo
al vendaval de emociones
como un biólogo apasionado,
un viajero perdido en la selva.

En la tarde malva
ensayo el discurso final:
Soy yo, bípedo de extinguible
especie y algo de ángel,
víctima y verdugo,
que desde la orilla
mira pasar su doble
como un barco de corcho
navegando hacia
la serena oscuridad.

Carta postrera

Madre, ya tu muerte
parece del otro lado.
¡Cómo chirría la distancia
en sus tornillos!
Estoy más insondable,
más voluntad y menos hijo.
Me sobran cejas
y me falta sueño.

Escribo a diario y me involucro
haciendo de la duda mi ejercicio.
Escribo y me arremango hasta las ingles,
hasta el codo colérico del hombre.

Cada día te hablo y te recuerdo
hasta que cesa el último pabilo.
Te siento, con la impotencia del amor,
más lejos, más espalda,
más menos y mucho antes.

De lo bueno, decir,
que la orfandad no pesa tanto,
¡cómo rezumaban los párpados!
y que ahora son ellos, mis costillas,

los que se afanan por preservar
este pan que, con primor, amaso y sirvo.
Tú lo hiciste de sobra,
y ya ni migas
quedan en la alfombra.

Así que descansa
en tus ahorros celestiales.
Ya vendrá, cuando llueva,
otro mayo, otro horno,
y otro nicho.

INDICE

Prólogo	*7*
Confesión	19
Luto en navidad tras una muerte querida	20
Mi mesa pradera	22
Recetario	24
El escriba	25
Septiembre 11	28
La oración de la tarde	30
Después de la batalla	31
Elegía	32
Paisaje con casas y poeta	34
El siglo de la mujer	36
Perdonen mi falta de modestia	38
Si elegir consistiera	39
Alfabeto de ausencias	40
Sueño eterno e insomnio	42
¿Y el mar?	44
Alzheimer	46
Poema nocturno	48
El recuerdo	50
Designios de la muerte	52
Piqueteros del Paraná	54
La frontera	56
La caza	57
Golfo de México	59
Negro del sur	61
Aeropuerto de Washington	63
¿Qué tenía tu cuerpo?	65
Soy duda y soy	66
Si esperar bastara	67
Carta postrera	69